Rosalia Mingo

Flamingos und andere schrägeVögel

Impressum

1. Auflage 2024

ISBN 978-3-911121-04-0

Selbstverlag
Autor - Doris Kluin

Doris Kluin
c/o IP-Management #20389
Ludwig-Erhard-Str. 18
20459 Hamburg
Bitte keine Pakete schicken, sie werden retourniert.

Lektorat: www.mentorium.de
Mediendesign, Retusche & AI prompting - Doris Kluin
e-Mail - Doris.KluinDE@gmail.com

Doris Kluin

Rosalia Mingo

Flamingos und andere schräge Vögel

Selbstverlag

Unsere Geschichte beginnt in Afrika.
Genauer gesagt an einem See im Okavango Delta.
An diesem wunderschönen Ort leben Flamingos.
Sehr viele Flamingos. Unendlich viele Flamingos sogar.
Diese Vögel mit den langen Beinen und den merkwürdig
gebogenen schwarzen Schnäbeln leben in Kolonien,
also ganz viele von ihnen auf einem Haufen.
Und sie sind rosa. Von einem knalligen roten Rosa
bis zu einem zarten Farbton ist alles dabei.
Im Uferbereich des Sees haben einige Flamingopaare
kleine Kegel aus Lehm und Pflanzenfasern ins flache
Wasser gebaut.
Das sind ihre Nester. Die Kegel sind oben abgeflacht
und es ist eine kleine Kuhle drinnen und da legen
sie ihr Ei hinein. Meistens legen Flamingos nur
ein einziges Ei und fast nie werden zwei Eier gelegt.
In einem solchen Nest liegt heute ein kleines
Flamingo-Ei. Es ist weiß und schimmert in der Sonne.
Ganz langsam beginnt das große Ei zu wackeln
und zu zittern. Das kleine Flamingoküken ist bereit,
aus seinem Ei zu schlüpfen. Mit viel Anstrengung bricht
es die harte Schale Stück um Stück auf.
Der kleine Eizahn an seinem Schnabel hilft ihm dabei.
Das Küken streckt seine kleinen flaumigen Flügelchen
heraus und schüttelt sich von den Eierschalenresten
frei. Es ist erschöpft, aber auch voller Neugierde
auf die Welt um es herum.

Das Erste, was das kleine graue Küken sieht, sind lange rote Beine und große Vogelfüße mit Schwimmhäuten zwischen den einzelnen Zehen. Es reckt den Hals und schaut an den Beinen hinauf. Das Küken sieht ganz viele rosarote Federn und einen flauschigen Bauch. Dann kann sie ein Gesicht erkennen.

„Mama, Papa!", piepst das Küken. Es muss sehr laut piepsen, denn um es herum sind viele Flamingos und alle plappern wild durcheinander. „Es ist geschlüpft", ruft Randa entzückt, „komm schon, Raoul, sieh Dir Deine wunderschöne Tochter an!" Raoul ist ihr Partner in dieser Brutsaison und beide haben sich richtig gern. Papa Raoul kommt langsam auf das Nest zu und streckt seinen Hals, um besser sehen zu können.

„Oh, das ist aber ein kräftiges kleines Küken geworden, meine liebe Randa", sagt er voller Stolz.

Randa, so heißt die Mutter. Sie hat 60 Tage abwechselnd mit Raoul auf dem Ei gesessen, um es auszubrüten. „Rosalia. Wir müssen es Rosalia nennen, mein lieber Gefährte", ruft Randa laut aus. „Rosalia?", Papa Raoul beugt sich noch weiter zu dem kleinen flaumigen Küken vor,

„Willkommen auf dieser Welt, kleine Rosalia."

Rosalia bestaunt den großen schwarzen Schnabel von ihrem Papa. Er ist lang und knickt vorne ab und ist an der Spitze ganz schwarz. Rosalia pickt an dem schwarzen Schnabelende von ihrem Papa herum.

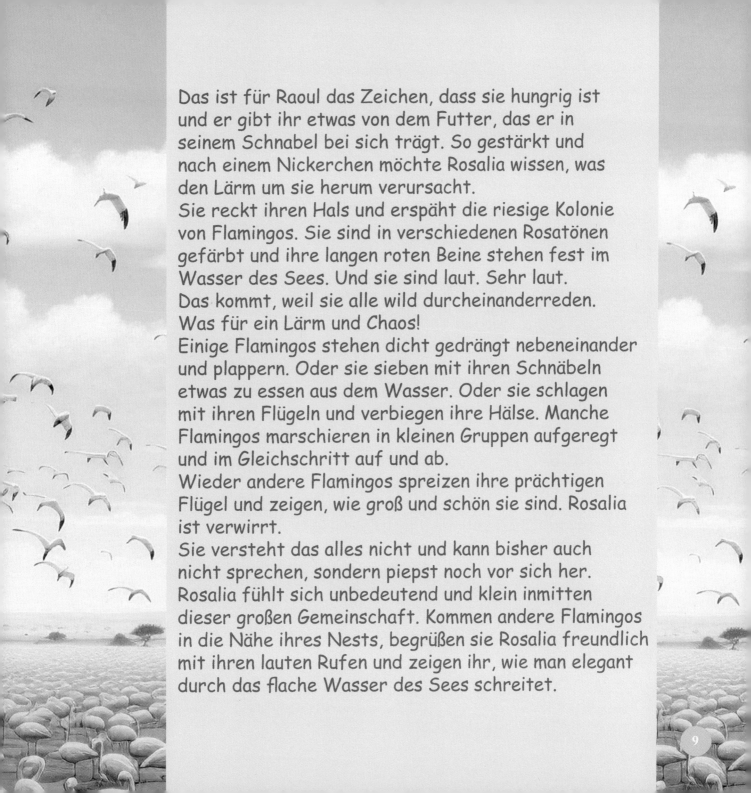

Das ist für Raoul das Zeichen, dass sie hungrig ist und er gibt ihr etwas von dem Futter, das er in seinem Schnabel bei sich trägt. So gestärkt und nach einem Nickerchen möchte Rosalia wissen, was den Lärm um sie herum verursacht.

Sie reckt ihren Hals und erspäht die riesige Kolonie von Flamingos. Sie sind in verschiedenen Rosatönen gefärbt und ihre langen roten Beine stehen fest im Wasser des Sees. Und sie sind laut. Sehr laut.

Das kommt, weil sie alle wild durcheinanderreden. Was für ein Lärm und Chaos!

Einige Flamingos stehen dicht gedrängt nebeneinander und plappern. Oder sie sieben mit ihren Schnäbeln etwas zu essen aus dem Wasser. Oder sie schlagen mit ihren Flügeln und verbiegen ihre Hälse. Manche Flamingos marschieren in kleinen Gruppen aufgeregt und im Gleichschritt auf und ab.

Wieder andere Flamingos spreizen ihre prächtigen Flügel und zeigen, wie groß und schön sie sind. Rosalia ist verwirrt.

Sie versteht das alles nicht und kann bisher auch nicht sprechen, sondern piepst noch vor sich her. Rosalia fühlt sich unbedeutend und klein inmitten dieser großen Gemeinschaft. Kommen andere Flamingos in die Nähe ihres Nests, begrüßen sie Rosalia freundlich mit ihren lauten Rufen und zeigen ihr, wie man elegant durch das flache Wasser des Sees schreitet.

Rosalia ist noch ein graues Küken. Sie ist klein und hat weiche Daunen, weil sie noch keine richtigen Federn hat. Dafür hat sie schon lange Beine und das sieht komisch aus. Ihre Eltern wärmen sie abwechselnd mit ihren Körpern im Nest. Dann huscht Rosalia unter ihre Flügel und das ist so schön warm. Und Futter bekommt sie auch von ihnen. Von Schnabel zu Schnabel. So machen das die Flamingos. Rosalia lernt schnell. Dank des guten Futters und der Fürsorge ihrer Eltern wächst sie schnell heran. Rosalia übt auf einem Bein zu balancieren und sich selbst mit ihren Flügel Luft zuzufächeln, um sich in der Mittagssonne abzukühlen. Sie entdeckt, wie man mit dem eigenen Schnabel nach Nahrung sucht und kleine Krebse und Plankton aus dem Wasser fischt. So richtig funktioniert es aber bis jetzt nicht. Ihr Schnabel ist noch nicht so gebogen wie der der erwachsenen Flamingos. Jeden Tag gibt es etwas Neues zu entdecken.
Rosalia sieht die wunderschönen Sonnenuntergänge über dem See, wenn der Himmel in warmen Farben leuchtet, in Rosa, Gelb und Orange. In der Nacht funkeln die Sterne am Himmel und manchmal leuchtet auch der Mond auf sie herab. Sie sieht fremde, große Tiere jeden Morgen und jeden Abend an den See kommen, damit sie ihren Durst stillen können. Randa, ihre Mutter, zeigt ihr die Elefanten, Zebras und Giraffen und woran man sie unterscheiden kann. Elefanten sind grau und haben riesige Ohren. Giraffen sind gelb mit braunen Flecken und haben lange Hälse. Zebras sind schwarz-weiß gestreift und verstecken sich im hohen Gras der angrenzenden Savanne.

In der Nacht kann sie Löwen brüllen hören oder die lachenden Rufe von Hyänen und das heisere Bellen von Schakalen. Die vielen Geräusche machen ihr keine Angst, hier im See bei den anderen Flamingos ist sie sicher und geborgen.

Rosalia ist ein neugieriger, kleiner Flamingo.

Sie wächst schnell und hat schon erste graue Federn. Rosalia liebt es, mit den anderen Küken im flachen Wasser zu planschen und so zu tun, als wenn sie alle schon ein vollständiges Federkleid hätten und fliegen könnten. Doch Rosalia muss erst noch viel größer werden und ihr müssen noch viele echte Federn wachsen, damit sie fliegen lernen kann. So grau und zerrupft, wie sie jetzt aussieht, fühlt sie sich nicht wie ein richtiger Flamingo.

Und auch ihre Stimme klingt bis jetzt nicht erwachsen, mehr wie ein Mischmasch aus Piepsen und Sprechen. Und als Rosalias Federn endlich zu wachsen beginnen, pikst es sie fürchterlich. Kleine, spitze Federkiele wachsen aus ihrer Haut.

Erst wachsen sie ganz heraus und dann geht ihre dünne Hülle kaputt und zerbröselt.

Erst ein komplettes Federkleid ist angenehm zu tragen und schützt sie vor Wind und Wasser.

„Mama!", ruft Rosalia, „Wann hört das endlich auf? Es pikst mich furchtbar und überall, und richtig schlafen kann ich auch nicht."

Und zerzaust wie Rosalia aussieht, muss Randa laut lachen. Echte graue Federn wachsen zwischen den Daunen heraus. Das sieht lustig aus.

„Komm, ich zeige Dir, wie man sich das Federkleid richtet", antwortet ihre Mutter und fängt an, Feder für Feder in ihren Schnabel zu nehmen und daran zu knabbern.

„Siehst Du, wie ich das mache?", fragt sie ihre Tochter. Rosalia bemüht sich redlich und es gelingt ihr einigermaßen gut, die wenigen fertigen Federn zu richten.

„Und jetzt musst Du sie gut einölen", erklärt Randa ihr.

„Einölen?", fragt Rosalia und legt ihren Kopf schief.

„Ja, da hinten am Po, da musst Du Deinen Kopf und Deinen Schnabel reiben. Da hast Du einen Bürzel und der versorgt Dich mit der nötigen Flüssigkeit."

„Igitt, Mama, das möchte ich nicht machen. Das ist mir so peinlich!", platzt es aus Rosalia heraus und sie schüttelt sich.

Randa lacht und sagt: „Ich weiß, ich war auch einmal jung und mir war das auch peinlich. Aber das muss so sein. Du möchtest doch nicht klatschnass werden, und Deine Federn einzufetten und zu pflegen ist wichtig. Es hält Dich trocken und warm."

Rosalia will das aber nicht tun und läuft einfach weg. Fort von den anderen Flamingos und an das andere Ufer des flachen Sees.

Ihre Mama ruft hinter ihr her: „Komm zurück, Rosalia!"
„Randa, lass sie", sagt Papa Raoul, der hinzugekommen
ist, „sie wird schon ihre eigenen Erfahrungen machen
und kommt bestimmt bald wieder."
Nach einiger Zeit ist Rosalia am Ufer des Sees
angekommen. Da sieht sie einen Pelikan auf einem
Baumstumpf im See sitzen.
„Hallo", ruft sie ihm zu, „Wer bist Du denn?
Ich bin Rosalia."
„Pete", ist seine knappe Antwort.
„Hallo Pete. Du siehst nicht aus wie ein Flamingo."
„Ach, wirklich? Ich bin auch ein Pelikan. Pelikane sehen
so aus wie ich. So grau und zerzaust siehst Du übrigens
nicht aus wie ein Flamingo", antwortet er und schüttelt
seinen großen, schweren Schnabel hin und her.
An seinem unteren Schnabel hängt ein großer Hautsack.
Der wackelt hin und her, wenn Pete sich bewegt.
Mit diesem seltsamen Kehlsackschnabel kann er Fische
fangen wie mit einem Kescher. Pete ist ziemlich groß,
hat ein weißes Gefieder und kurze Beine. Rosalia findet
es überhaupt nicht lustig, wie Pete mit ihr spricht.
„Natürlich bin ich ein Flamingo. Siehst Du nicht,
dass ich lange Beine habe und echte Federn?"
Pete grinst: „Das mag schon sein, dass Du einmal
ein Flamingo sein wirst. Aber so siehst Du eher aus
wie ein zerrupftes, graues Huhn. Hat Dir Deine Mutter
nicht gezeigt, wie man seine Federn pflegt?"

Rosalia ist entsetzt. Das muss sie sich nicht bieten lassen. Keck ruft sie ihm zu: „Natürlich hat sie das!" Obwohl, peinlich ist das jetzt schon ein wenig, weil sie weiß, dass das nicht stimmt. Und deshalb läuft sie schnell weiter und versteckt sich lieber im Schilf. Pete ruft noch irgendetwas hinter ihr her, aber sie kann nicht mehr verstehen, was er sagt. Irgendetwas mit Vorsicht und tiefem Wasser. Rosalia ist das egal und sie schmollt. Mit der Welt, mit Pete und mit ihren Eltern.

‚Erwachsen werden macht überhaupt keinen Spaß', denkt sie bei sich, ‚da wird man dazu gezwungen, Sachen zu tun, die man nicht machen möchte.'

Nach einiger Zeit hört sie ein komisches Geräusch. Ein wenig klingt es wie ein Donnergrollen. Nur unter Wasser. Und die Geräusche sind viel leiser als der Donner aus den Wolken oben am Himmel. Was ist das? Oder besser, wer könnte solche komischen Geräusche machen? Rosalia steckt ihren Kopf vorsichtig aus dem Schilf heraus und beobachtet die Wasseroberfläche. Das Wasser scheint hier viel tiefer zu sein als in der Flamingokolonie. Sie sieht, wie sich die Wasseroberfläche bewegt.

Etwas ist unter der Wasseroberfläche und zieht rechts und links eine kleine Welle hinter sich her. „Du solltest hier schnell verschwinden", hört sie eine tiefe Stimme hinter ihr.

„Wer sagt das?", fragt sie. Aber da ist es schon fast zu spät. Vor ihr schäumt das Wasser hoch und ein riesiges Maul öffnet sich. In diesem Maul sind viele große scharfe Zähne. Und es stinkt ekelhaft aus dem Maul. Rosalia schreit so laut sie kann und lässt sich rückwärts ins Schilf fallen. Vor ihrem Schnabel klappt das Maul zu. Sie fällt ins Wasser und dann dreht sie sich schnell herum, und läuft so schnell sie kann das Ufer hinauf. *Huuungäääärrrrrrrr*, so grollt es hinter ihr und sie schaut sich um. Das große fiese Ding ist ganz schuppig und grün. Wasser tropft von seinem Körper herab. Gelbe Augen, die überhaupt nicht freundlich aussehen, starren sie gierig an.

„Komm' härrrrrrrrr. Ich will Dich frässsssssssen", ruft es. Rosalia steht jetzt am sicheren Ufer.

„Ich denke gar nicht daran. Geh weg, Du Ungetüm", schreit Rosalia laut. Sie ist ganz aufgeregt und hofft, dass dieses Monster nicht an Land kommt,
und deshalb läuft sie noch etwas weiter zurück. Rosalia hat großes Glück. Krokodile sind viel zu bequem, um sich anzustrengen. Das große Maul schließt sich langsam und der Körper gleitet langsam zurück in das Wasser und taucht unter.

Wieder hört es sich an wie ein Donnergrollen.

Das Wasser sprudelt und schäumt. Ist das gruselig!

„Kennst Du etwa keine Nilkrokodile?", fragt die tiefe Stimme hinter ihr.

Rosalia erschreckt sich noch einmal. Sie dreht sich um und sieht einen riesigen Vogel. Er ist so groß wie ihre Eltern, aber er sieht ganz anders aus.
Er ist grau gefiedert und hat um seinen Kopf herum lange schwarze Federn.
Die sehen auf wie ein Kragen oder wie eine Krone.
Sein Schnabel ist groß, aber nicht so groß und gebogen wie die von Flamingos. Dafür sind seine Flügelspitzen auch schwarz.
Das schwarze Gefieder geht ihm bis zum Knie, als hätte er eine kurze Hose an.
„Kannst Du auf eine einfache Frage nicht antworten, kleiner Flamingo?", fragt der Sekretär, so heißt diese Vogelart.
„Nein", sagt Rosalia schnippisch, „ich habe bisher noch keine Nilkrokodile gesehen. Und was bist Du für ein komischer Vogel?"
Der Sekretär schaut sie mit seinen nach vorn gerichteten Augen ernst an.
Seine Flügel sehen aus wie Arme, die er hinter seinem Rücken gekreuzt hat.
Rosalia schluckt und denkt: ‚Das war jetzt nicht unbedingt klug, so frech zu ihm zu sein.'
„Jedenfalls bin ich kein so ungezogener Flamingo wie Du, junge Dame. Und schau Dich besser selbst an. Du siehst aus, als hätte man Dich einmal durch eine schlammige Pfütze gezogen."

Rosalia schaut an sich herab. Ihre Daunen kleben an ihrer Haut und die grauen Federn, die ihr schon gewachsen waren, hängen nass und schlaff herunter. Der große Greifvogel fährt fort: „Ich bin Sigmund, ein Sekretär. Und weil ich ein Raubvogel bin, solltest Du vorsichtig sein, wie Du mit mir sprichst." Während er das sagt, scharrt er kurz mit seiner rechten Klaue etwas Sand auf. Ja, die Krallen an seinen kräftigen Füßen sehen gefährlich aus. „Entschuldigung, Herr Sekretär Sigmund. Ich bin eben noch nie weit von Zuhause weg gewesen, deshalb kenne ich viele Tiere noch gar nicht", erwidert Rosalia. „Nun gut, kleiner Flamingo Rosalia", fährt der Sekretär fort, „Ich empfehle Dir dringend, Dein Gefieder zu pflegen und dann zu Deiner Kolonie zurückzukehren. Hier draußen ist es gefährlich für Jungvögel wie Dich." „Ja, da hast Du wohl recht", antwortet Rosalia, die das Thema Gefiederpflege nicht ausstehen kann, „und mit meinem Gefieder kommt schon alles in Ordnung, wenn es wieder trocken ist." Sigmund schmunzelt und spricht langsam weiter: „Na, wenn Du meinst. Du hast sehr wahrscheinlich einen inneren Konflikt mit Deinen Gefühlen." „Bitte, was?", fragt sie schnippisch. Sigmund antwortet ihr: „Nun, es ist ganz normal, wenn sich gewisse Dinge ändern, dass junge Vögel sich sehr schwertun. Und auf die Eltern wollen sie auch nicht hören. Liege ich da richtig?"

Und mit einer einladenden Geste seines rechten Flügels spricht er weiter: „Liebe Rosalia, wenn Du über Deine Sorgen reden möchtest, dann kann ich Dir meinen Rat anbieten. Und wir schauen einmal gemeinsam, wie wir Deinen inneren Konflikt lösen können. Es würde mir eine Freude sein, Dir zu helfen." Und während Sigmund das sagt, beginnt er, mit nach hinten gekreuzten Flügeln, vor ihr langsam auf und ab zu gehen. Rosalia schaut den großen Sekretär fragend an. Sie möchte mit niemandem über dieses peinliche Thema reden. Bürzel. Igitt! Einölen. Einfach nur widerlich! Nein, das möchte sie nun wirklich nicht tun. Schon dreimal nicht vor einem Fremden. Rosalia ringt nach freundlichen Worten: „Sigmund, das ist wirklich freundlich von Dir, mir helfen zu wollen. Aber die Sache ist sehr privat und ich komme schon allein zurecht."

Jetzt bleibt Sigmund stehen und schaut sie an. Ganz ernst schaut er drein und als würde er nachdenken. Nach einer Weile antwortet er ihr: „Liebe Rosalia, manchmal muss ein Problem reifen wie eine Frucht, bevor man sie pflücken kann. Das hier ist mein Revier. Solltest Du es Dir anders überlegen, meine Wiese steht Dir für weitere Gespräche offen."

Und mit diesen Worten verabschiedet sich Sigmund und geht langsam davon.

Er stolziert durch das hohe Gras, bis sie ihn nicht mehr sehen kann. Rosalia sieht ihm noch eine Weile nach.

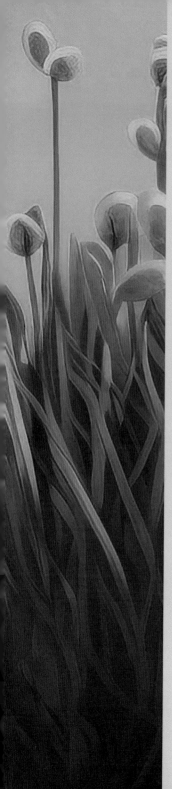

Das Federkleid von Rosalia trocknet tatsächlich schnell in der Nachmittagssonne, aber es trocknet ganz anders, als sie es sich vorstellt. Die Daunen wollen nicht wieder weich und flauschig werden und die großen Federn stehen noch immer schmutzig von ihrem Körper ab. Es klebt und juckt alles an ihrer Haut.

‚Was soll das jetzt wieder?', denkt sie genervt.

Mit ihrem Schnabel versucht sie, die Federn wieder in Form zu bringen und den Dreck zu entfernen.

Doch die Federn bleiben ganz steif und glänzen auch nicht mehr so schön. Rosalia schaut auf ihren Bürzel. Soll sie es tun oder lieber nicht? Sie schaut sich zaghaft um. Da ist niemand. Hm, da könnte sie es doch einmal probieren, ihr Gefieder einzufetten, solange ihr niemand dabei zuschaut.

Zaghaft reibt sie ihren Schnabel an ihrem Popo.

Da, wo die Bürzeldrüsen sitzen.

„Na, junge Dame?", hört sie hinter sich. Rosalias Augen werden ganz groß vor Schreck.

Da steht ein großer Marabu. Und der ist hässlich.

So richtig hässlich. Sein Kopf ist dunkelrot und an seinem riesengroßen Schnabel hängen die Reste seiner letzten Mahlzeit.

Und er stinkt. Er stinkt ganz fürchterlich, noch viel schlimmer als das Nilkrokodil aus dem See. Und er schaut sie merkwürdig an.

„Was willst Du von mir?", fragt Rosalia zaghaft.

Der Marabu kommt einen großen Schritt näher
und sagt: „Oh, so zerzaust und schmutzig siehst Du
zwar nicht besonders lecker aus, aber ich könnte schon
noch einen kleinen Bissen vertragen."
Rosalia reißt ihre Augen noch weiter auf.
Sie erinnert sich an einen Spruch, den ihre Eltern zu
ihr gesagt haben:

Ein roter Kopf,
ein großer Schnabel,
vor dem renn weg und das ganz schnell,
der will Dir an Dein Daunenfell.

„Dir geht es wohl zu gut, böser hässlicher Vogel",
schreit sie ihn an. Das scheint ihn nicht weiter zu
stören, dass sie so unhöflich zu ihm ist. Der Marabu
kneift seine Augen zusammen und holt tief Luft.
Das ist gar kein gutes Zeichen. Rosalia rennt los, denn
fliegen kann sie weiterhin nicht. Sie rennt,
so schnell sie kann. Weg von diesem großen Vogel,
der sie offensichtlich zum Fressen gerne hat.
Der Marabu kommt hinterher. Als Aasfresser ist
er zu groß und zu langsam, um sich Rosalia zu schnappen.
Und er hat diesen großen, hautfarbenen Sack am
Hals, der ihn sehr stört, weil er hin und her baumelt,
während er läuft. Das ist ihr Glück, und nach kurzer
Zeit hat sie den Marabu weit hinter sich gelassen.

Die Aufregung hat Rosalia ganz hungrig werden lassen. Nachdem sie gelernt hat, dass im See auch gefährliche Tiere leben, steht sie lieber vorn am Uferrand und seiht sich etwas Plankton aus dem Wasser. Dabei ist sie sehr vorsichtig und schaut sich immer wieder um. Man weiß nicht, wie viele Nilkrokodile hier noch leben. Oder Marabus. Oder was auch immer hier noch lebt. Rosalia sieht ein kleines, rundes Tier am sandigen Ufer des Sees sitzen. Es ist grau und braun und hat viele Falten und kein Fell und auch keine Federn. Rosalia weiß leider nicht, was für ein Tier da sitzt. Alles in allem sieht es sehr niedlich und ungefährlich aus, findet Rosalia. Gerade möchte sie ihm einen ‚Guten Tag' zurufen, da hört sie das Wasser laut plätschern.

„Brunhilde, nun stell dich doch nicht so an und komm' endlich her", ruft ein anderes, enormes großes, graubraunes Ding mit vielen Falten aus dem Wasser. Rosalia hat diese Tiere noch nie gesehen. Sie versteckt sich besser im Schilf, um nicht gesehen zu werden. Mehrere dieser seltsamen Tiere sind im Wasser, nur ihre Köpfe schauen heraus. „Nein, ich komme nicht wieder ins Wasser. Geht weg!", ruft das Kleine zurück. „Das ist doch nicht schlimm, Angst zu bekommen und an Land zu laufen, Brunhilde", sagt ein anderes Ding mit tiefer Stimme. Die kleine Brunhilde schnaubt kräftig aus. Sie hat große Nasenlöcher und möchte sich ganz offensichtlich nicht vom Fleck bewegen.

„Das muss Dir nicht peinlich sein", versucht die Mutter ihre Tochter zu besänftigen. „Nein, ich bleibe hier", ruft Brunhilde zurück und stampft mit ihren kleinen Füßen auf, „ich möchte vermeiden, dass Ihr seht, wie dick ich bin."

„Meine Süße, wir sind doch alle dick. Das ist doch nicht schlimm. Komm wieder zurück ins Wasser", ruft das Ding mit der helleren Stimme wieder.

Rosalia versteht, warum Brunhilde nicht ins Wasser will. Es ist ihr einfach viel zu peinlich. Mutig schreitet sie auf die Nilpferdherde zu.

„Lasst sie doch in Ruhe, merkt Ihr denn nicht, dass ihr das peinlich ist, dass Ihr alle zuschaut?", ruft sie ihnen zu. Ein Murmeln beginnt. Von einem: „Was will die denn hier?", bis zu einem: „Was mischt sich ein Flamingo in unsere Angelegenheiten?", ein, ist alles dabei.

„Du kannst Brunhilde ja ins Wasser tragen, wenn Du das schaffst. Du siehst kräftig genug dafür aus", ruft ein junges Nilpferd und lacht laut.

„Bruno, sei still. Du machst es gerade nicht besser!", schimpft seine Mutter mit ihm. Rosalia wendet sich an die Mutter: „Lasst sie doch einfach in Ruhe und schwimmt etwas weiter weg. Nicht weit, nur ein Stück hinter das Schilfgras, wo Ihr uns nicht sehen könnt. Ich rede mit Brunhilde, vielleicht traut sie sich dann zurück ins Wasser."

Die Flusspferde schauen einander an. Wortlos neigen sie ihre schweren Köpfe nach links und nach rechts und wackeln mit ihren kleinen runden Ohren.

Dann hört Rosalia sie etwas leise murmeln, aber sie versteht nicht, was sie genau miteinander besprechen.

„Gut, dann versuche Dein Glück, kleiner Flamingo", sagt das Nilpferd mit der tiefen Stimme.

Die Nilpferde schwimmen weg und verstecken sich hinter der Schilfgraskurve.

Rosalia geht auf Brunhilde zu, die hinter ihren Artgenossen hinterherschaut. Eigentlich möchte sie hier nicht allein gelassen werden.

„Hallo, ich bin Rosalia. Und ich bin ein Flamingoküken. Na ja, so halb Küken noch. Ein paar große, schöne Federn wachsen mir schon", stellt sie sich vor und hebt einen Flügel, damit Brunhilde die schönen großen Federn sehen kann.

„Brunhilde, aber das weißt Du bereits", antwortet das kleine Nilpferd. „Was ist denn passiert?", fragt Rosalia und setzt sich neben Brunhilde in den weichen Sand.

„Ach, da kam ein großes Nilkrokodil und anstatt bei meiner Herde zu bleiben und zwischen sie zu tauchen, bin ich Hals über Kopf an das Ufer geschwommen."

„Haben Deine Eltern denn keine Angst vor Krokodilen?", fragt Rosalia erstaunt.

„Nein, Angst haben wir nicht. Also ich schon, aber das nur, weil ich noch so klein bin.

Ein Krokodil kann zwar beißen, aber die Zähne können nicht so leicht durch unsere dicke Haut dringen. Und wir Nilpferde beißen ordentlich zurück. Das wissen die Krokodile. Deshalb lassen die uns meistens in Ruhe." Brunhilde reißt ihr kleines Maul auf und zeigt Rosalia ihre großen Hauer. Das sind die Eckzähne.

„Cool", antwortet Rosalia, „Flamingos brüten im flachen Wasser, da kommen die Krokodile gar nicht hin. Ein Nilpferd bist Du. Interessant."

„Ja, Krokodile laufen nicht gerne weite Strecken. Die sind faul", kichert Brunhilde und schaut Rosalia freundlich an, dann fügt sie hinzu, „Deine Federn sind wirklich schön, aber sind die nicht ein wenig struppig? Ich habe schon große Flamingos gesehen und die sehen, nun ja, anders aus als Deine." Rosalia möchte eigentlich nicht über ihre Federn und ‚das Thema' sprechen.

„Ja, ich weiß. Ich soll aber etwas tun, was ich nicht tun möchte. Ich muss die Federn einfetten. Ist das nicht eklig?", fragt sie Brunhilde.

„Nö. Ich habe das schon bei vielen Vögeln gesehen, wenn sie sich putzen. Danach strahlt das Gefieder wieder wie neu", erklärt Brunhilde ihr. „Ja, schon. Aber so vor anderen Flamingos mag ich das nicht versuchen. Verstehst Du mich?", fragt Rosalia.

„Ja klar. Dir geht es mit Deinen Federn wie mir mit meinem Dicksein. Das sieht so blöde aus, wenn wir an Land laufen. Alles schwabbelt an einem herum.

Furchtbar", seufzt Brunhilde.

Die beiden ungleichen Tiere sitzen nebeneinander am Ufer des Sees und denken nach, jedes für sich.

„Weißt Du was, Rosalia?", sagt Brunhilde, „Wie wäre es, wenn wir aufeinander aufpassen? Du putzt Dein Gefieder und ich schaue, dass niemand Dich sieht. Und dann gehe ich ins Wasser und Du passt auf, dass mich keiner dabei sieht."

„Das ist eine grandiose Idee", antwortet Rosalia.

Brunhilde schaut sich um.

„Los, es ist niemand zu sehen. Putz Dich!", flüstert sie. Rosalia zögert kurz, aber dann fängt sie an, ihr Gefieder zu pflegen. Sie muss ihren langen Hals dafür ziemlich verdrehen, damit sie überall heran gelangen kann. Die Daunen werden wieder weich und die schönen rosa Federn glänzen. Das fühlt sich gut an. Brunhilde findet, dass es komisch aussieht, wie Rosalia dabei ihren Hals verdrehen kann, aber sie verkneift sich zu lachen, weil das unhöflich wäre. Und das Ergebnis lässt sich sehen.

„Hui", staunt Brunhilde, „das ist ein großer Unterschied zu vorher."

„Findest Du?", fragt Rosalia, die sich um ihre eigene Achse dreht und an sich heruntersieht.

„Ja, aber wirklich. Du siehst jetzt richtig hübsch aus", antwortet Brunhilde und meint es ehrlich, was sie sagt.

„Jetzt Du", sagt Rosalia.

Brunhilde ist noch etwas unsicher. Sie geht langsam und Schritt für Schritt weiter.

„Schwabbelt da auch nichts an mir?", fragt sie Rosalia.

„Nein, sieht alles gut aus, wie ein richtiges Nilpferdmädchen!", flüstert Rosalia, „Und nun ab mit Dir in den See. Bevor noch jemand kommt."

Plötzlich rennt Brunhilde los und Rosalia muss an sich halten, um nicht laut zu lachen. Ihre neue Freundin rennt zum See und wirklich alles an ihr schwabbelt, als hätte man einen Wackelpudding angestupst.

Brunhilde setzt zu einem letzten Sprung an und landet mit einem lauten Platsch im Wasser des Sees.

„Geschafft!", ruft Brunhilde laut und lacht,

„Komm rüber, Rosalia, ich nehme Dich mit zu meiner Herde. Du musst Dich einfach auf meinen Rücken stellen." Das ungleiche Paar, die dürre Rosalia und die robuste Brunhilde, machen sich auf den Weg zur Herde.

„Brunhilde, da bist Du ja", ruft ihre Mama laut und schwimmt auf sie zu.

Und dann sieht sie Rosalia.

„Danke, liebe Rosalia, dass Du uns geholfen hast. Brunhilde würde nie...", und Brunhilde guckt böse, reißt ihr kleines Maul auf und schimpft: „Mama, hör auf damit. Ich bin jetzt da und alles ist gut!"

„Ja, entschuldige Brunhilde. Ich freue mich doch so, dass Du wieder bei uns im Wasser bist",

sagt die Mutter und klingt dabei etwas zerknirscht.

„Liebe Nilpferdherde", wirft Rosalia ein, „ich habe Euch gerne geholfen. Aber wie komme ich jetzt nach Hause? Es wird bald dunkel."

„Sippe?", der Anführer und Papa von Brunhilde fragt laut in die Runde, „Wollen wir den kleinen Flamingo nach Hause bringen?"

Alle sind einverstanden und so schwimmen sie gemächlich in Richtung der großen Flamingokolonie. Rosalia putzt während der Fahrt noch ein wenig an ihren Federn herum, denn sie möchte gut aussehen, wenn ihre Eltern sie wiedersehen. Und noch bevor die Sonne am Horizont untergeht, ist Rosalia wieder Zuhause. Die Abendsonne hüllt den See in die schönsten Flamingofarben: in Rot, Rosa und etwas Orange. Das sieht so wundervoll aus. Rosalia winkt Brunhilde und der Nilpferdherde zum Abschied mit ihren Flügeln zu. Raoul sieht seine Tochter zuerst:

„Randa, komm her, unsere Tochter kommt zurück. Ich habe Dir doch gleich gesagt, dass sie wieder zu uns zurückkommt."

Randa ruft ganz laut, so laut sie es vermag:

„Rosalia, hier sind wir und wir haben Dich den ganzen Tag über vermisst!"

Rosalia strahlt über ihr ganzes Gesicht, als sie ihre Eltern sieht, und sie rennt aufgeregt durch das flache Wasser des Sees. Das Wasser spritzt hoch und macht sie nass, aber jetzt stört sie das nicht mehr.

Das Wasser perlt in kleinen Tropfen von ihrem Gefieder ab und glitzert ein wenig in der Abendsonne.

„Mama, Papa, es ist so schön, wieder bei Euch zu sein. Ich bin so furchtbar dumm gewesen, es ist überhaupt nicht schlimm, sich zu putzen", ruft sie und kuschelt sich zwischen ihre beiden Eltern. Randa setzt an, um etwas dazu zu sagen, aber Raoul schaut sie kurz streng an und schüttelt seinen Kopf.

Nein, bedeutet er ihr, manchmal ist es besser, überhaupt nichts zu sagen.

Rosalia ist so müde und obwohl Flamingos keine festen Schlafenszeiten haben und auch in der Nacht wach sein können, kuschelt sie sich unter das Gefieder ihrer Mama. Sie streckt ihren Kopf heraus. Es ist ihre Kolonie, ihre Heimat und ihre Familie, die um sie herum ist. Und das macht sie sehr glücklich und zufrieden.

Rosalia schaut sich um. Ein Stück weiter am See spreizt eine andere Gruppe älterer Flamingos ihre Flügel und präsentiert die prächtigen roten Federn voller Stolz. Wieder andere Flamingos laufen in Gruppen im Gleichschritt immer auf und ab.

Bald wird auch Rosalia fliegen lernen und ihre Freundin Brunhilde besuchen können. Und sie wird lernen, wie ein Flamingo sich verhält und die komplizierte Körpersprache erlernen.

Das mit den gespreizten Flügeln oder dem gebogenen Hals, wie man im Gleichschritt marschiert oder

anderen Flamingos zeigt, dass sie zu nahe am eigenen
Wohnbereich stehen. Rosalia schaut zum Himmel auf,
wo eine Gruppe junger Flamingomänner einen Schauflug
üben. Das sieht toll aus, wie sie in einer V-Formation
über den Himmel ziehen. ‚Aber zuerst', denkt sie bei
sich, ‚müssen meine Federn rosa werden, damit ich eine
erwachsene Flamingofrau bin.'
Rosalia fallen die Augen langsam zu, ihr Kopf sinkt
zurück in das weiche Gefieder ihrer Mutter. Dann
schläft sie ein, warm und geborgen.
Rosalia träumt davon, wie sie selbst über den Himmel
fliegt und die unendliche Freiheit hoch oben in der Luft
spürt. Wie es wohl von dort oben aussieht, wenn man
auf das Okavango Delta hinabschaut?
Es braucht noch einige Zeit, dann hat auch Rosalia
ein echtes Flamingokleid.
Es strahlt in den schönsten Farben.
In einem Pink, mit etwas Rot und Weiß. Rosalia lernt zu
fliegen und das ist wichtig, denn die große Kolonie
wird bald in eine andere Gegend umsiedeln.
Rosalia weiß noch nicht, dass ein stattlicher junger
Flamingomann auf sie aufmerksam werden wird.
Die beiden jungen Flamingos werden sich sehr mögen
und im nächsten Jahr, wenn die Regenzeit kommt,
hierher zurückkommen und ein eigenes Nest bauen.
Rosalia wird ein einzelnes großes weißes Ei hineinlegen.
Hier, im schönen Okavango Delta in Afrika.

Auch erhällich

Tim Turtel

Begleite den kleinen Tim Turtel auf seiner aufregenden Reise durch die Weltmeere. Fiebere mit, wenn er unbekannten Meeresbewohnern begegnet, wenn der kleine Tim vor der hungrigen Krabbe Corallina fliehen muss, oder er dem Gesang eines riesigen Wales lauscht.

Empfehlung: Ein Vorlesebuch für Kinder ab 3 Jahren
Als Selbstlesebuch für Kinder ab 7 Jahren

Auch erhällich

Eichkater Fluff

Fluff ist der flauschigste Eichkater, den die Welt je gesehen hat und er ist noch klein und furchtbar niedlich. Das hält ihn nicht davon ab, ein großes Abenteuer im Wald zu erleben, weil er nicht auf seine Eltern hören will und alleine in den Wald läuft. Im Wald findet er neue Freunde, wie den Fuchs Stups und Schneeball, das Kaninchen. Fluff muss sich aber auch gegen freche halbstarke Waschbären behaupten und eine Nacht alleine im Wald verbringen.

Empfehlung: Ein Vorlesebuch für Kinder ab 3 Jahren
Als Selbstlesebuch für Kinder ab 7 Jahren

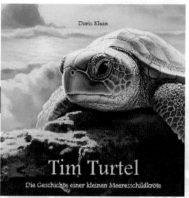

ISBN 978-3-911121-00-2

ISBN 978-3-911121-02-6

Anmerkung: Die Leerseiten am Ende des Buches sind dem Produktionsprozess geschuldet.

Printed in Poland
by Amazon Fulfillment
Poland Sp. z o.o., Wrocław